अशोक वाजपेयी

पचास कविताएँ

नयी सदी के लिए चयन

वाणी प्रकाशन

पहला संस्करण : 2011
दूसरा संस्करण : 2023

वाणी प्रकाशन
4695, 21-ए, दरियागंज, नयी दिल्ली 110 002
फ़ोन : +91 11 23273167 फ़ैक्स : +91 11 23275710

शाखाएँ
अशोक राजपथ, पटना 800 004, बिहार
कॉफ़ी हाउस कैम्पस, महात्मा गांधी मार्ग, इलाहाबाद 211 001, उत्तर प्रदेश
महात्मा गांधी अन्तरराष्ट्रीय हिन्दी विश्वविद्यालय, वर्धा 442 001, महाराष्ट्र
36/ए, शेक्सपियर सरणी, रानी बिरला गर्ल्स कॉलेज के पास, कोलकाता 700 017, प. बंगाल
www.vaniprakashan.com
marketing@vaniprakashan.in
sales@vaniprakashan.in

Pachas Kavitayen
Nai Sadi Ke Liye Chayan
by Ashok Vajpeyi

ISBN : 978-93-5000-705-1
Poetry Collection

मूल्य : ₹ 95

आर. टेक ऑफ़सेट प्रिंटर्स, दिल्ली-110 032 में मुद्रित

वाणी प्रकाशन का लोगो मक़बूल फ़िदा हुसेन की कूची से

क्रम

अपनी आसन्नप्रसवा माँ के लिए तीन गीत

काँच के टुकड़े

काँच के आसमानी टुकड़े
और उन पर बिछलती सूर्य की करुणा
तुम उन सबको सहेज लेती हो
क्योंकि तुम्हारी अपनी खिड़की के
आठों काँच सुरक्षित हैं
और सूर्य की करुणा
तुम्हारे मुँडेरों भी
रोज़ बरस जाती है।

जीवित जल

तुम ऋतुओं को पसन्द करती हो
और आकाश में
किसी-न-किसी की प्रतीक्षा करती हो—
तुम्हारी बाँहें ऋतुओं की तरह युवा हैं
तुम्हारे कितने जीवित जल
तुम्हें घेरते ही जा रहे हैं।

और तुम हो कि फिर खड़ी हो
अलसायी, धूप-तपा मुख लिये
एक नये झरने का कलरव सुनतीं
—एक घाटी की पूरी हरी महिमा के साथ !

जन्मकथा

तुम्हारी आँखों में नयी आँखों के छोटे-छोटे दृश्य हैं,
तुम्हारे कन्धों पर नये कन्धों का
हल्का-सा दबाव है—
तुम्हारे होठों पर नयी बोली की पहली चुप्पी है
और तुम्हारी उँगलियों के पास कुछ नये स्पर्श हैं
माँ, मेरी माँ,
तुम कितनी बार स्वयं से ही उग आती हो
और माँ, मेरी जन्मकथा कितनी ताज़ी
और अभी-अभी की है!

1960

लौटकर जब आऊँगा

माँ,
लौटकर जब आऊँगा
क्या लाऊँगा?
यात्रा के बाद की थकान,
सूटकेस में घर-भर के लिए कपड़े,
मिठाइयाँ, खिलौने,
बड़ी होती बहनों के लिए
अन्दाज़ से नयी फ़ैशन की चप्पलें?
या रक्त की एक नयी सिद्धि
और गढ़ी हुई वीरगाथाएँ?

क्या मैं आकर कहूँगा
मैंने दिन काटे हैं—एक समृद्ध आदमी की तरह
अपने परदे-ढँके कमरे की खिड़की से
मकानों की काई-रची दीवारों पर
निर्विकार आती सुबह देखते हुए?

या क्षुद्रताओं की रक्षा में
निर्जन द्वीप-समूहों में

समुद्र से अकेले लड़ते हुए?

क्या मैं बताऊँगा
कि मैं आया हूँ
अँधेरी गुफाओं में से
जहाँ भूखी क़तारें
रह-रहकर चिल्लाती हैं
गिद्धों और चीलों की चीत्कारों के बीच
माँ, तुम्हारा प्रिय शोकगीत
'रघुपति राघव राजाराम...'?

क्या मैं तुमसे कहूँगा
खुश हो माँ, अन्त आ गया है
—जिसकी तुम्हें प्रतीक्षा थी
क्योंकि मैंने देखा है
नीले अश्व पर आरूढ़
भव्य अवतारी पुरुष को?

या मैं सिर्फ़ एक क़िस्सा सुना पाऊँगा
नीले घोड़े पर सवार एक पिचके निर्वीर्य चेहरे वाले
आदमी की मौत का
एक छोटे-से गाँव में?

या तुम्हारी तीखी नज़र को बचाते हुए
दूसरे खिलौनों के साथ
अपने छोटे भाई को दूँगा
एक काठ का नीला घुड़सवार?

—क्या मैं लौटूँगा
अपनी निर्जल आँखों में अपमान भरे
जो अब हर रास्ते पर छाया है
आकाश की तरह
और तब,
क्या तब तुम पहली बार पहचानोगी
मेरे चेहरे में छुपा
अपना ही ईश्वरदूषित चेहरा?
माँ,
लौटकर जब आऊँगा
क्या लाऊँगा?

1964

तोतों से बची पृथ्वी

तोतों के रास्ते पर पड़ता है हमारा घर
जिस रास्ते वे जंगल जाते
और वहाँ से लौटते हैं
उस रास्ते पर।

अनगिन तोतों की हरी लकीरें
आती-जाती हैं हमारे ऊपर के आकाश में
और उनमें से कुछ
हमारे पेड़ों पर भी ठहरते हैं।
हम शहर में रहते हैं,
पता नहीं किस जंगल से किस जंगल को,
किस सवेरे से कहाँ काम को
तोते रोज़ जाते हैं–

कई बार मैं और मेरी बेटी
एक खेल खेलते हैं शर्त लगाने का कि
तोतों का कौन-सा दल
हमारे पेड़ों पर ठहरेगा या नहीं ठहरेगा।

तोते हमें नहीं देखते
क्योंकि उनकी नज़रें हमेशा ही
पेड़ों और उन पर लगे फलों पर होती हैं।

तोते
एक हरा आकाश बनकर
छा जाते हैं पृथ्वी पर।
तोते छोड़ देते हैं
अधखाए फल की तरह पृथ्वी को।

मेरी बेटी
भाग-भागकर उड़ाती है तोतों को,
बचाती है फलों को,
पृथ्वी को।

आकाश में, अँधेरे में,
दूरियों में अदृश्य हो जाते हैं तोते।

हरीतिमा से चमकती
खड़ी रहती है मेरी बेटी
पृथ्वी को सहेजकर दुलराते हुए।

1985

पूर्वजों की अस्थियों में

हम अपने पूर्वजों की अस्थियों में रहते हैं–

हम उठाते हैं एक शब्द
और किसी पिछली शताब्दी का वाक्य-विन्यास
विचलित होता है,
हम खोलते हैं द्वार
और आवाज गूँजती हैं एक प्राचीन घर में कहीं–

हम वनस्पतियों की अभेद्य छाँह में रहते हैं
कीड़ों की तरह।

हम अपने बच्चों को
छोड़ जाते हैं पूर्वजों के पास
काम पर जाने के पहले।

हम उठाते हैं टोकनियों पर
बोझ और समय।
हम रूखी-सूखी खा और ठण्डा पानी पीकर
चल पड़ते हैं,

अनन्त की राह पर
और धीरे-धीरे दृश्य में
ओझल हो जाते हैं
कि कोई देखे तो कह नहीं पाएगा
कि कभी कुछ देर पहले
हम थे।

हम अपने पूर्वजों की अस्थियों में रहते हैं–

1986

अपने पोते की दूसरी वर्षगाँठ पर एक प्रार्थना

साठ बरस का हो जाने के बावजूद
मुझे एक भी पूरी प्रार्थना याद नहीं है :
अपने पिता को मैंने प्रार्थना करते कभी नहीं देखा था,
मेरी माँ ने मुझे कोई प्रार्थना नहीं सिखायी।
मैंने बहुत कुछ गँवा दिया है
पर प्रार्थना नहीं,
क्योंकि कोई भी पूरी कभी मेरे हिस्से में नहीं आयी।

तुम एक तुतलाता हुआ वाक्य हो
जिसके इर्द-गिर्द मैं एक प्रार्थना बुनना चाहता हूँ :
मैं उसमें गरमाती धूप, हरी पत्तियों का भय,
पक्षियों का अथक उत्साह,
खिलौनों की दिव्य आभा,
बरतनों में अन्न की आहट,
सपनों से भारी नींद,
आकाश में दिग्भ्रमित नक्षत्रों,
साथ देनेवाले हाथों, दिलासा देनेवाली आँखों
और न थकने-हारनेवाले पाँवों को गूँथ देना चाहता हूँ।

मैं तुम्हारे लिए अभय की नहीं अदम्य की कामना करता हूँ,
मैं नहीं चाहता कि तुम्हें कुछ उपहार या वरदान की तरह मिले।
मैं जानता हूँ कि तुम्हारे बड़े होने पर यह संसार
लगभग वैसा ही गड्डमड्ड और झिलमिल होगा
जैसा कि बुढ़ाते समय मेरे लिए है :
मैं तुम्हें अँधेरे से लड़ने के लिए न कोई मशाल दे सकता हूँ
न उसे टोहने के लिए कोई लाठी।
मैं इतना भर चाह सकता हूँ कि
देर-सवेर तुम अपनी आग पा लो जिसमें लपक और रोशनी हो
और जिसे लड़-भिड़कर अन्त तक किसी तरह बचाए रख सको।
सपने और सच में अन्तर करना मेरे लिए हमेशा कठिन रहा है,
शायद यह भेद तुम ज़िन्दगी में जल्दी कर पाओ—
पर चाहता मैं यही हूँ कि
शुरू को आख़िर तक ले जानेवाली डोर
सपने की ही हो, भले सच में बिंधी हुई :
हम सपने के परिवार के हैं, सच की बिरादरी के नहीं।

यह मेरी उलझन नहीं जिम्मेदारी है कि
विरासत में मैं तुम्हें देवता नहीं पूर्वज सौंपूँ :
मैं तुम्हें बताऊँ कि अन्ततः हम हारते रहे हैं
पर बिना झुके या पछताये;
कि हम दूसरों के कृतज्ञ होते हुए भी
अपनी डगर पर चलते रहे हैं;
कि हम जरूरत के वक़्त काम आये हैं
भले हमें बाद में याद नहीं किया जाता रहा।

हमारा समय तुम्हारे से बेहतर या बदतर नहीं ठहरेगा :

वह भी अँटा पड़ा है
प्रेम से, कामना और पिपासा से,
अन्याय और क्रोध से, घृणा और बेचैनी से,
पर उसी में चमकते सवेरे रहे हैं और उदास आश्वासन,
लम्बी न कटनेवाली रातें, अनाम चिड़ियाँ
भरोसे के शब्द, समयातीत तक पहुँचनेवाले क्षण,
अन्त तक सक्रिय बूढ़े, फिसल-उलट जाते विन्यास,
उम्मीद के स्थापत्य, लपकती आकांक्षाएँ,
मटमैले पर अमिट सच भी।
उनमें से उत्तराधिकार में तुम क्या लेना चाहोगे यह तुम पर है
लेकिन हम रहेंगे तुम्हारे आस-पास अदृश्य समय की तरह,
स्वस्ति की तरह,
जो शायद तुम्हें किसी भी हालत में निष्प्रभ होने से बचा सकें।

मेरे पोते,
तुम जो ईश्वर की तरह निश्छल,
ब्रह्माण्ड की तरह अप्रत्याशित,
सूर्य की तरह नवजात,
अग्नि की तरह पवित्र,
पृथ्वी की तरह पुरातन हो
मैं तुम्हें इन शब्दों से प्रणाम करता हूँ
और उम्मीद करता हूँ
कि यही शब्द प्रार्थना की इबारत होंगे।

2001

पिता के जूते

एक पैतृक वृक्ष है
नीले अनन्त के किसी ढहते हुए चबूतरे के पास
छाया हुआ जड़हीन,
और उसके नीचे रखे हैं वे काले जूते
मरे हुए चमड़े के,
कुछ पसरे हुए जीवित पैरों के दबाव से
जो अब नहीं हैं।

पैर नहीं हैं
और न ही वह आदमी
जो उन्हें उस कोने में रखकर
चुपचाप चला गया
किसी और चबूतरे पर बैठकर
आगे की यात्रा तय करने के लिए।

वृक्ष पर फुदकनेवाली रंगीन चिड़ियाँ
अलक्ष्य करती हैं
उन खाली जूतों को
पर रंगहीन वृक्ष डालता है

अपनी किसी शाखा की पतली छाया उन पर
धूप से उन्हें बचाने के लिए नहीं

बल्कि उन्हें धीरे-से जताने के लिए
कि उसे याद है कि वे वहाँ हैं।
जूते कोशिश करके भी याद नहीं कर पाते
उन पैरों को जो उनमें थे।

वे सपना देखते हैं नन्हे पैरों का
जिनके लिए वे हमेशा बड़े साबित होंगे।

1978

छब्बीसवीं बरसी

छब्बीसवीं या कि पच्चीसवीं मुझे ठीक से याद नहीं है
—यही होता है
जीवन भूलने का एक लम्बा सिलसिला है,
हम जिसे जीवन में एक बार गँवाते हैं,
याद में न जाने कितनी बार :
याद कितनी अविश्वसनीय है
कि जो इतना निकट है
उसे भी ठीक से बचाकर नहीं रख पाती!

उस दिन भी कड़ी धूप थी,
गरमी
और उस पुराने सरकारी अस्पताल का
पत्थर-पटा रास्ता उदासीन था इससे
कि उस पर कौन आ या जा रहा था।
उस बार उस पर किसी तरह
शायद स्ट्रेचर पर ले जाई जाकर
वह नीचे या वापस नहीं उतरी :
रास्ते पर जड़े पत्थरों को कुछ भी याद नहीं,
अपना वहाँ इस तरह जड़े होना तक,

या घिसते जाना।
पत्थरों का जीवन लम्बा होता है मनुष्यों के जीवन से
लेकिन स्मृतिहीन,
उनकी शिराओं में कभी कोई स्पन्दन नहीं होता
जो याद रख सके कुछ भी।
अब उस मुहल्ले में जो हमारा था और नहीं रहा
उसे याद करनेवाले शायद ही कोई बचे हों।
वह थी और अब नहीं है
इस बात को इतने बरस बीत गये
कि मुहल्ले के अन्दर धँसी धरती को,
चमरयाऊ देवी मन्दिर की प्रतिमा को,
पास के जैन मन्दिर के संगमरमर को,
कम्पनी गार्डन में बचे रह गये दो-चार वृक्षों को,
पीछे की हनुमानजी की मढ़िया को,
किसी को याद नहीं रह गया है—
जैसे उसने सिर्फ़ अपने भर को नहीं
अपनी हर निशानी को भी एक साथ नष्ट कर दिया।
वह इतनी निर्मम नहीं हो सकती
पर कौन जाने रही हो :
हम अपनी माँ को कितना कम जानते थे
और अब कितना कम याद कर पाते हैं!

उसके जीते जी हमें पता नहीं चल पाया
कि उसकी माँ बहुत पहले नहीं रही थी
—हमारी नानी दरअसल हमारी नानी नहीं थी
जो थी उसका ज़िक्र कभी परिवार में नहीं होता था।
जीवन भर अपनी माँ की मृत्यु हमसे छिपाये रही वह :

हमें कहाँ पता था कि एक जीवन में
इस तरह एक मृत्यु भी छिपी थी।

वह इतिहास में नहीं हुई,
अपने-हमारे जीवन में हुई
और अब मेरी कविता में बची हुई है
जिसे कौन जाने इतिहास कब
कचरे की टोकरी में फेंक देगा।

इतनी दूर चला आया हूँ उसकी मृत्यु से
कि उसका ईश्वरदूषित चेहरा याद करने में
कठिनाई होती है,
उसकी मृत्यु से दूर, अपनी मृत्यु के निकटतर।

मेरी मृत्यु में अन्ततः कुछ गरिमा होगी
क्योंकि मुझमें मेरी माँ फिर मरेगी—
उससे आगे जाना उसे शायद ठीक नहीं लगेगा।

2003

पीछे-आगे

जो कुछ पहले हो चुका और लगता था
कि बीत चुका
देखता हूँ
कि दरअसल आगे होने जा रहा है।
और चूँकि यह कविता के कारण सम्भव हो पा रहा है,
उस पहले हुए और अब फिर होनेवाले और अब तक अनहुए को
थोड़ा परिष्कृत, चुस्त और सटीक कर लेना चाहता हूँ।
इतिहास जिसकी अनुमति तक नहीं देता
कविता आसानी से करने की छूट देती है।

अब जैसे मेरा जन्म ही है : मैं उसे सकट गणेश चतुर्थी के दिन तो
रहने देता हूँ
लेकिन दुर्ग के बजाय छत्तीसगढ़ के किसी गाँव में कर देना
चाहता हूँ
जहाँ मेरे नाना अपने दौरे पर गये हों
और मेरी आसन्नप्रसवा माँ ज़िदकर उनके साथ गयी हों।
शुरू में कुछ नाटकीयता ज़रूरी है
ताकि बाद में उसकी कोई ज़रूरत न रह जाए।
गोपालगंज सागर का लाल स्कूल ठीक है

लेकिन दशरथलाल असाटी मास्साब के यहाँ मैं भी कपड़े फींचना
चाहता हूँ
अपने और सहपाठियों की तरह,
अपने सम्भ्रान्त परिवार का होने के कारण छूट नहीं चाहता।
छठवीं कक्षा में कविता लिखना शुरू करने पर अपना उपनाम
'राजेश' जैसे चलताऊ नाम से बदलकर 'अनुराग' इत्यादि कुछ
करना चाहता हूँ
और अपनी पहली प्रिया का नाम 'सुमन' से बदलकर कुछ अधिक
अप्रचलित
जैसे 'सोनाली' या 'प्रियम्वदा'।
अपने अक्खड़ और गुस्सैल पिता का मैं कुछ नहीं बदलना चाहता
सिवाय विफलता के उनके सजग बोध के
क्योंकि उनकी मदद पाए कृतज्ञ लोग आज भी जहाँ-तहाँ मिलते
रहते हैं
जबकि उनसे बाज़ी मार ले गये सफल लोगों का नामलेवा कोई
नज़र नहीं आता।
हो सके तो मैं उनसे थोड़ा कम डरना चाहता हूँ
जैसे कि मुझसे छोटे भाई और बहिन उनसे, मेरे मुकाबले,
कुछ कम डरते थे।
उसकी भीषण कठिनाई को जानते हुए भी
कवि के रूप में ही मरने की अपनी आरम्भिक आकांक्षा में कोई
संशोधन करना नहीं चाहता।
कई बार लगता है कि कुछ दोस्तों को, जो बाद में दुश्मन हुए,
पहले से ही दुश्मन की तरह रखा जाए, भले बाद में वे दोस्त हो जाएँ।
दोस्त का दुश्मन हो जाना ज़्यादा अखरता है
जबकि दुश्मन का दोस्त होना भला लगता है।
यह तो मैं भूल ही गया कि

अपना नाम बदलकर वही रखना चाहूँगा
जो मेरे ताऊ ने अपनी बेटियों के क्रमशः 'अनामिका' और 'कामायनी'
रखने के बाद
मेरे लिए तजवीज़ किया है : 'परिमल'।
अशोक से कहीं बेहतर है और मुझे हर वक़्त मुस्कराते-हँसते रहने
के बोझ से निजात मिल जाएगी।
यों सख़्तजान इतिहास देखे कि मैं
अपने जीवन के साथ कविता में बहुत मामूली फेरबदल चाह रहा हूँ
बिलकुल नाममात्र का।
कविता चाहे तो इतिहास को उसी के कूड़ेदान में फेंक दे,
लेकिन कविता सबका लिहाज़ करती है,
इतिहास का भी।

अगर जीवन में मैंने जिस पहले आदमी को अपनी आँखों के सामने
मरते देखा उसे मुक्तिबोध होना था
तो उन्हें कम-से-कम अन्तिम साँसें लेने से पहले होश में आकर
विदा के दो शब्द कहना चाहिए थे :
मैं तय नहीं कर पा रहा हूँ कि
दिदिया के अन्तिम प्रयाण के समय होना मुझे कितना सह्य लगता।
जूनू और दूबी बहुत ठीक है पर अगर दूबी पहले हो जाए और
इसलिए दोनों में बड़ी तो कितना अच्छा हो।
अब तक न हुआ हो लेकिन ऐसा हो सकना चाहिए
कि मंज़िल पहिले आ जाए, रास्ता बाद में।

इतिहास भी अपने को हू-ब-हू दुहराने से रहा—
कुछ तो वह भी भूल जाएगा या बदल देगा,
जैसे कविता अगर फिर से होने का अवसर पाए

तो कई शब्द, बिम्ब बदल ही जाएँगे।
बीतता कुछ भी नहीं है, बदल जाता है,
मामूली हेरफेर होता है,
और अपने को आगे जारी रखता है जो पीछे था।

2005

काका से

अब जब हमारे बीच कुछ और नहीं बचा है
थोड़े से दुख और पछतावे के सिवाय
और हम भूल चुके हैं
तुम्हारे गुस्से और विफलताओं को
मेरे बारे में तुम्हारी आशंकाओं को,
हम देख सकते हैं
कि जीवन में आभिजात्य तो आ जाता है
गरिमा आती है बड़ी मुश्किल से।
जीवन गरिमा देने में बहुत कंजूस है :
हम दोनों को ऐसी गरिमा पा सकने का मुग़ालता रहा है।

कोई भी अपमान, फिर वे देवताओं ने किया हो या दुष्टों ने,
हम भूल नहीं पाए,
जबकि जीने की झंझट में
ऐसा भूलना स्वाभाविक और ज़रूरी होता।
हमें विफलता के बजाय अपमान
क्यों अधिक स्मरणीय लगा,
यह, हो सकता है, एक पारिवारिक दोष हो,
एक किसान के बेटे के स्वाभिमान का,

एक छोटे शहर के कवि का आत्मवंचना का।
तुम्हें गये पैंतीस बरस होने आये
और मैं तुम्हारी उमर से कहीं ज़्यादा उमर का होकर
अभी बुढ़ा रहा हूँ।

तुम्हारे पास मुझे समझने की फुर्सत नहीं थी
और मैं तुम्हें परखने में हमेशा अधीर रहा :
अब जब हमारे बीच थोड़ा-सा दुख और पछतावा भर बचा है,
मुझ पथहारे को तुम देख पाते तो तुम्हें लगता
मैंने अपनी ज़िद पर अड़े रहकर और अपमान को न भूलकर
तुम्हें ही दुहराया है :
असली दुख यह नहीं है कि
इतने बरस नासमझी में गुज़र गये
बल्कि यह है कि
अन्ततः मैं तुम्हारी फीकी आवृत्ति हूँ
जिसकी तुम्हें या मुझे
कभी कोई आशंका
या इच्छा नहीं थी।

2007

कोई पुकारता है

समय के पार
ब्रह्माण्ड के श्याम गह्वर से
किसी कोंपल पर ठहरे हुए ओसजल को शब्द बनाते हुए
आलोक के एक तिर्यक् को
अँधेरे की चीख़ से बेंधते हुए
एक बरस की हुई नातिन की अटपटी चाल से
किसी पूर्वज की दर्ज़ न हो पायी प्रार्थना की अन्धभक्ति से
कोई पुकारता है :
ऐसी आवाज़ में
जो न देवता की है, न पक्षियों की,
न प्रेम की, न उल्लास की—
एक आवाज़ जो उजली और निश्छल है
जिसका अपने अतिरिक्त कोई और अर्थ नहीं
जो दस्तक देती है
सम्भावना के एक अदृश्य द्वार पर,
जो खुलता है
ऐसे जैसे
उसके घर में रहता है
सूरज,

अपने सारे काम खुद निपटाता हुआ
और फिर थककर सो जाता हुआ।

कोई ऐसे पुकारता है
जैसे उससे ही जन्मता और बसता है
घर, पास-पड़ोस, परिवार, पुरखे और देवता।
कोई ऐसे पुकारता है
जैसे काल की कोई छाया नहीं है,
जैसे न होना और होना एक जैसे है
जैसे सागर के गर्भ में
जो आग जल रही है
उसी से प्रज्वलित हैं सारी दीपशिखाएँ।

कोई ऐसे पुकारता है
जैसे मेरी नातिन के डगमग पग
धरती पर नहीं
आकाशपथ पर,
ब्रह्माण्ड की आकाशगंगाओं पर
उजले पदचिह्न छोड़ते हुए
जा रहे हैं
और हम, देवता, गन्धर्व-किन्नर
विस्मय से देख रहे हैं
जैसे कि यह पहली बार हो रहा है।

2007

चिड़िया की प्रार्थना

न, मेरा न कोई ईश्वर है,
न देवालय,
न कोई अनन्त।
मैं तो इन सब पर चहकती-फुदकती हूँ :
मेरे लिए काल अन्न का एक दाना है
जिसे मैं प्रसन्न होकर चुगती हूँ।

मुझे पता है कि मैं थोड़ी देर के लिए हूँ
इसलिए मुझे कई बार
बहुत देर तक बने रहने के जतन
समझ में नहीं आते।

मैं तो किसी और से नहीं
अपने से ही चाहती हूँ
कि एक दिन उड़ूँ
और उड़ते-उड़ते
हमेशा के लिए ओझल हो जाऊँ
उस आकाश में
जहाँ सूर्य के बग़ल में बैठकर

तापा जा सकता है
और देवता बहेलियों की तरह ताक नहीं लगाते।

2006

वहीं से आऊँगा

मैं वहीं से आऊँगा
जहाँ से वे आये थे :
जहाँ पानी और नमक का उद्गम है,
नदी को छूती-न-छूती वृक्षों की शाखाएँ हैं,
बूढ़ों के चेहरों पर तकलीफ़ और सपने दोनों चमकते हैं,
जहाँ बच्चों को प्रतीक्षा रहती है ताज़े फलों और गर्म रोटियों
की सुगन्ध की।

सपनों पर नाम या पता नहीं लिखा होता,
फिर भी मुझे पता है कि वे उन पुरखों के हैं
जिन्होंने किसी झील के किनारे सुस्ताते हुए सोचा था
कि राहत, हिम्मत और आकांक्षा पर सबका हक़ है
और सच में, जैसे जल में, सबका हिस्सा है।

मैं वहीं से आऊँगा :
जहाँ से वे आये थे—
मैं याद करूँगा वे बहसें जो चौक-चौबारों में हुई थीं
जीवन, आचरण और मर्यादा के बारे में
और उस अन्तःकरण को, जो सच बोलने की ज़िद पर अड़ा रहा
अकेले पड़ते और घोड़े की पूँछ से बाँधकर घिसटे जाने के बावजूद।

मैं वहीं जाऊँगा
जहाँ माना जाता है कि सच अकेले का भी होता है और सबका भी
और उसे जितना पाया जाता है उतना ही रचा।
मैं वहीं जाऊँगा जहाँ एक समय गढ़े गये देवता,
स्वर्ग और नरक,
अन्तरिक्ष में गूँजते अहरह गान।
वहीं सहायता और करुणा के गलियारे और उ़म्मीद के कंगूरे।

मैं जाऊँगा वहाँ जहाँ
लोग दूसरों को अँधेरी सरहदों के पार उजालों में छोड़कर
अपनी घुप्प रात में गुम हो जाते हैं।
मैं वहीं से आऊँगा
जहाँ से वे आये थे :
खुदे जाने के लिए पत्थर की तरह,
सुलगने के लिए कोयले की तरह,
राख हो जाने के लिए आग की तरह।
मैं वहीं से आऊँगा
जहाँ प्रार्थना में डूबे लोग
अत्याचार के विरुद्ध उठी चीख़ को अनसुना नहीं करते,
जहाँ कोई भी पुकारे दुखी या कोयल या राह भूल गयी बुढ़िया
उसे उत्तर मिलता है
मैं वहीं से...

2005

कृतज्ञता-ज्ञापन

धन्यवाद,
मेरे अनूठे समय
कि तुमने बहुतों को नष्ट किया,
मुझे बारहा घायल किया और निराश भी,
जब-तब अपने विरुद्ध आवाज़ उठाने की हिम्मत दी
लेकिन पूरी तरह से नेस्तनाबूद करने के लायक़ नहीं समझा
मानो मैं एक अधटूटा खिलौना हूँ तुम्हारे पिछवाड़े
पड़े रहने दिया गया, लापरवाही से।

धन्यवाद,
पीछे छूट गये बचपन
कि अपने कठचन्दन-बकौली के पेड़ों और बालसखाओं के साथ
तुम पूरी तरह से ग़ायब नहीं हुए
और अब तक बचे हुए हो
कभी अचानक आयी किसी याद और जब-तब
उभर आये किसी दर्द की तरह,
और तुम्हारी कभी न लिखी गयी पोथी से
मेरा नाम अब तक मिटा नहीं।

धन्यवाद,
हमेशा संग रहनेवाले शब्द
कि तुमने सच्चाई में हिस्सेदारी कराई,
अन्तःकरण को संक्षिप्त होने से बचाया
और यह साहस दिया कि कभी-कभार सोच सकूँ
कि मैं रच सकता हूँ कविता में एक पूरा संसार
और कितना ही पथहारा-स्वप्नहारा क्यों न हो जाऊँ
तुम्हारी परछी में मेरे लिए थोड़ी-सी जगह बनी रहती है।

धन्यवाद,
मटमैले प्रेम
कि तुमने सिखाया कि ऊबड़-खाबड़
और अनाप-शनाप को भी
गूँथा जा सकता है सुन्दरता में
और कोमलता के लिए अब भी गुंजाइश है
और बावजूद तुम्हारे बहीखाते में मेरे नामे बहुत कुछ के
तुमने इतने तकादे नहीं किये
जितने कि तुम कर सकते थे।

धन्यवाद,
हर मोड़ पर मिलनेवाले लोगो
कि तुमने बताया कि हमारे बहुत सारे दुख एक जैसे हैं
और तकलीफ़ में हम सभी का साझा है,
जब गिर सकता था तो सहारा दिया
और इस अहसास से बचाया कि
मैं दूसरों से बिलकुल अलग हूँ :
मुझे हिसाब में लिया,
गड्ढे में गिरने के पहले दौड़कर थाम लिया।

धन्यवाद,
पता नहीं हो कि नहीं ईश्वर,
कि तुम मुझसे उदासीन रहे
और इस बात में कोई दिलचस्पी नहीं ली
कि मुझ पर अपना होना या न-होना ज़ाहिर करो–
मुझे अवसर दिया
कि तुमसे कविता में लगातार झगड़ता रहूँ
और बाल भी बाँका न हो।

2007

विलाप

मैं विलाप करता हूँ :
बना नहीं पाया ऐसा घर
जिसमें रहते दिदिया-काका, अम्मा-दादा, बाबा
ऋभु के साथ,
जिसमें कई सदियाँ न सही, कम से कम एक सदी होतीं
आँगन की तरह चौड़ी-खुली;
जिस पर लगे कठचन्दन या बकौली के नीचे
सब जमा होते भोजन के लिए;
जिसमें मलाई की बरफ़ और लँगड़े आमों के साथ
कटहल का अचार, दलभजिया, भरे करेले होते
मटर-पनीर, छोले, नान के साथ;
जिसमें परछी में कभी मिरज़ापुर के पंडितजी
रामचरितमानस पर प्रवचन करते
और कोई लैम्प के नीचे बैठा करता रहता
ज़्बीग्न्येव हेर्बेर्त की कविताओं का हिन्दी अनुवाद;
जिसके भारी लकड़ी के दरवाज़े सुबह पाँच बजे से
रात ग्यारह बजे तक लगातार खुले रहते
और जिसका होता न कोई चौकीदार;
जहाँ एक किनारे बैठकर
मैं आनन्दमोहन दादा से सुनता रह सकता

निराला और रामचन्द्र शुक्ल के संस्मरण।

मैं विलाप कहता हूँ :
रह नहीं पाया ऐसे मोहल्ले में
जिसमें सुबह-सुबह पार्क में टहलते मिल जाते
कई पिछली-अगली सदियों के लोग, स्त्रियाँ और बच्चे;
जिसमें परचूनी की दूकान, महादेवी मिठया की मिठाइयाँ,
कहवाघर, मिल्कवार, आइसक्रीम की दुकानें होतीं;
और दरज़ी बारहवीं सदी की पोशाकें रफ़ू करते हुए;
कुँजड़ा तेइसवीं सदी की ताज़ी सब्जियाँ पानी से धोकर सजाते हुए;
जिसमें शमशेर मिलते एक मौजूँ शब्द की खोज में भटकते हुए
और व्याकरण की परवाह किये बिना
असम्बद्ध कविता-पंक्तियों से उपन्यास लिखता हुआ एक
स्कूली बच्चा;
जिसमें दौआ बाबा की बैलगाड़ी खेतों की तरफ़ जाती हो
तो उसकी बग़ल से जाती जूनू की ज़ेन आगे न जाना चाहती।

मैं विलाप करता हूँ :
ऐसा शहर नहीं खोज पाया
जिसके चारों ओर परकोटा हो बर्बरों को रोकने के लिए,
जिस पर उपहारस्वरूप खिली हों
फूलों की रंगारंग क्यारियाँ,
जिसके बाज़ार में बगदाद की कीमख़ाब बेचते हों सौदागर
अमरीकी सैनिकों को;
जहाँ लाहौर के कबाबों और गोश्त दो प्याज़ा के कार्नर के
बग़ल में हो
थाई फ़ास्टफूड और ग्रीक खाने की दुकानें

जड़ी-बूटियाँ तुकी से;
बीच चौक में पुस्तकालय हो किसी राजप्रासाद से अधिक भव्य
जिसमें बटन दबाते ही
कबीर और शेक्सपीयर की पंक्तियाँ आ जाएँ
कम्प्यूटर के परदों पर असंख्य भाषाओं में।

मैं विलाप करता हूँ
सिर्फ़ कविता में
क्योंकि उससे बाहर विलाप और स्वप्न दोनों के लिए
अब कोई जगह नहीं बची।

मुझे चाहिए

मुझे चाहिए पूरी पृथ्वी,
अपनी वनस्पतियों, समुद्रों
और लोगों से घिरी हुई,
एक छोटा-सा घर काफ़ी नहीं है।

एक खिड़की से मेरा काम नहीं चलेगा,
मुझे चाहिए पूरा का पूरा आकाश
अपने असंख्य नक्षत्रों और ग्रहों से भरा हुआ।

इस जरा-सी लालटेन से नहीं मिटेगा
मेरा अँधेरा
मुझे चाहिए
एक धधकता हुआ ज्वलन्त सूर्य।

थोड़े-से शब्दों से नहीं बना सकता
मैं कविता,
मुझे चाहिए, समूची भाषा—
सारी हरीतिमा पृथ्वी की

सारी नीलिमा आकाश की
सारी लालिमा सूर्योदय की।

1987

छोटी-सी दुनिया

यही जो छोटी-सी दुनिया हमें मिली है
सच है, सुन्दर है
और असह्य भी—
यही सम्हाले नहीं सम्हलती है
यही भरी है, इतने हर्ष से, यही द्रवित है इतने विषाद से।

अपने बगल में टुकुर-टुकुर ताकती गिलहरी से
कहा फूल ने,
एक बुढ़िया अपनी गुदड़ी से निकालकर
एक तोताखाया फल अपनी नातिन को देते हुए
यही बोली।

छोटी-सी है तितलियों और मधुमक्खियों की दुनिया,
छोटी है दुनिया तोतों और बगुलों की,
आम और अमरूद की, इमलियों और बेरों की।

बड़ा सपना देखती
बड़ी सच्चाई को संक्षिप्त करती
सूरज और चाँद को,

नक्षत्रों और अन्तरिक्ष को
हथेली पर अक्षत की तरह
पवित्र रखती
यही
जो छोटी-सी दुनिया
हमें मिली है
सच है,
सुन्दर है।

1987

ऐसी है कथा

एक पुराण से अकस्मात् झरा एक शब्द वहाँ
जहाँ हरी घासों पर से बह रहा था जल
और एक चिड़िया उस पर झुकी डाल से लटककर
कुछ बूँदें अपनी चोंच में भरने का खिलवाड़ कर रही थी
हिरण बहुत दूर थे उस जगह से
और वीरबहूटियों को उसका पता न था—

थोड़ी देर निश्चल पड़ा रहा सतह पर शब्द
थोड़ी देर जल ने उसके हलके भार को अनुमाना
हरी घासों को लगा एक नरम-सा छायाभास
तभी चोंच से बची एक भारी बूँद
उस शब्द पर गिरी और उसे प्रवाह के अन्दर ले गयी—

थोड़ी देर जलमग्न शब्द छटपटाया
थोड़ी देर कसमसाई उसकी पुराणस्मृति
तब तक कुछ करने का समय नहीं बचा
एक काई-ढँके पत्थर से टकराकर
अक्षर-अक्षर छितरकर
वह हरिताभ जलसुषमा में समा गया।

पुराण से वह लुप्त शब्द
किसी को याद नहीं है :
उसके बिना अनुमान से पाठ पूरा होता है।
ऐसी बल्कि यही है कथा
जो कोई नहीं कहता।

2001

शब्द नहीं गाते

शब्द नहीं गाते,
गाता है नक्षत्रों के बियाबान पर चँदोवे की तरह तना आकाश,
अपनी कक्षा पर परिक्रमा करती हुई पृथ्वी,
शाम के रंगों के पार बहती क्षीणतोया नदी,
चट्टान पर उड़ान के पहले सुस्ताती पीली चिड़िया,
बिजली के तारों में फँसी चिथड़ा होती हुई पतंग को ताकता
बीमार बच्चा :

किसी भी छोर से
अमेज़ान के जंगल की असूर्यम्पश्य छाँह में
धीरे-धीरे रेंगती हुई एक वीरबहूटी सिर उठाकर अकस्मात्
शुरू करती है उजाले का एक हल्का-सा गान—
जिसे उठाकर ले जाती है पक्षियों की एक कतार,
बादलों की घनघमण्ड गरज के पार
देवशिशुओं की मंडली में,
जहाँ से होता है अवरोह किसी गाँव के ढाबे के पास
धूनी जमाये जोगी के इकतारे में,
जिसे साथ ढो ले जाती है मुख्य सड़क तक जानेवाली
एक भर्राती बस—

जिससे उतरती एक औरत उसे गठरी में बाँधकर ले जाती है
अपने नैहर
जहाँ से दबी सिसकारी के बीच से निकलकर पहुँचता है गान
देहाती स्कूल के ढह गये बरामदे में लगी पाँचवीं क्लास में,
जहाँ पहाड़े दुहराते हुए बच्चे उसे गेंद की तरह उछाल देते हैं
संन्यासियों की तरह खड़े ठूँठों की तरफ,
जो पतझरी ज़मीन पर उसमें करते हैं एक धीर बढ़त,
जिसे खेत से ताज़ा कटी सब्जियों के ढेर में डालकर
हरिताभ देते हुए ले जाता है कुँजड़ा हाट में
जहाँ सिक्कों की खनक को नज़रअन्दाज़ करते हुए उठता है गान—
पलाश पर फूलों की तरह सुलगता हुआ
जिसे खिड़की से हाथ बढ़ाकर लपक लेती है
प्रेम में उद्धत हो गयी लड़की
जिसकी शान्त आग में भस्म होता है सारा संगीत :
शब्द नहीं गाते, गाता है सारा ब्रह्माण्ड।

2001

सम्भावना

शहर अब भी एक सम्भावना है
जाड़ों की एक दोपहर
एक व्यस्त सड़क पर
स्वेता के मित्र-हाथों को छूकर मैंने जाना—
मेरे हाथ ज़रा-सी देर बाद भूल गये
स्पर्श को
और हमेशा की तरह अकेले मेरे पास रह गये।
ट्रैफ़िक सिगनल पर रुकी हुई भीड़ में
    कहीं नहीं था
मेरे शरीर के लिए कोई अर्थ,
कहीं नहीं थी वह शान्त निजी गरमी
जिसे मैं अपना प्रेम कह सकता—
एक हल्की-सी अप्रासंगिक हवा थी
जिसे झटका-सा देती हुई रुक गयी एक बस :
हैण्डल पकड़ते अपने हाथों को
मैंने दुखी होकर देनी चाही अपनी करुणा
तो याद आये वे हाथ,
जो अभी थोड़ी देर पहले उनमें थे,
उनसे जुड़ा वह शरीर जो प्रतिफलित हो चुका है

एक और शरीर में,
और फिर मुझे मिल गये कुछ शब्द
जिन्हें मैं वहाँ रख सकता था
जहाँ पहले वे हाथ थे–
खिड़की के हवा के ठण्डे झोंके से सिहरते हुए
मेरे हृदय में हाथों के लिए
कविता के लिए
अब एक आशा थी

शहर अब भी एक सम्भावना है !

1963

वापसी

वह आ गयी है

हवा में बसी फूलों-वनस्पतियों की सुगन्ध
बहुत नन्हे हाथों की तरह नरम बारिश
यहाँ से अदृश्य वृक्षों पर चमकती धूप
अपने असंख्य गानों के साथ भी सुनसान अन्तरिक्ष

एक बच्ची
अपना बस्ता भूलकर
चहकती हुई चढ़ती है स्कूल की बस में

वह आ गयी है
जैसे अनन्त में आ गया है समय
द्वार पर आ गया है सौभाग्य
दूब पर आ गयी है ओस पर आ गयी है धूप
पर आ गयी है बारिश पर आ गयी है हरियाली

वह आ गयी है

1986

पहला चुम्बन

एक जीवित पत्थर की दो पत्तियाँ
    रक्ताभ, उत्सुक
काँपकर जुड़ गयीं,
मैंने देखा :
मैं फूल खिला सकता हूँ।

1960

आओ

आओ,
जैसे अँधेरा आता है अँधेरे के पास
जैसे जल मिलता है जल से
जैसे रोशनी घुलती है रोशनी में।

आओ,
मुझे पहनो
जैसे वृक्ष पहनता है
छाल को
जैसे पगडंडी पहनती है
हरी घास को।

मुझे लो
जैसे अँधेरा लेता है जड़ों को
जैसे पानी लेता है चन्द्रमा को
जैसे अनन्त लेता है समय को।

1984

प्रेम के लिए जगह-1

उसने अपने प्रेम के लिए जगह बनाई

बुहार कर अलग कर दिया तारों को
सूर्य चन्द्रमा को रख दिया एक तरफ़
वनलताओं को हटाया
उसने पृथ्वी को झाड़ा-पोंछा
और आकाश की तहें ठीक कीं

उसने अपने प्रेम के लिए जगह बनाई।

1986

प्रेम के लिए जगह-2

एक सुनसान दोपहर
एक जनाकीर्ण शाम के छोर पर एकान्त
लदी-फँदी बस की तीसरी सीट
—उसने प्रेम के लिए जगह बनाई!

उसने देवताओं को
बाहर ठेल दिया
और पक्षियों से अनुरोध किया कि
वे थोड़ा-सा आकाश छोड़ दें—

उसने एक बच्चे के हाथ से एक फूल छीना
और एक पत्ती से थोड़ी-सी हरीतिमा उधार ली
उसने तितली, गिलहरी और धूप के बीच
प्रेम के लिए जगह बनाई।

1986

केलि

मैं बिछाता हूँ धरती का हरा बिछौना
मैं खींचता हूँ आकाश की नीली चादर
मैं सूर्य और चन्द्रमा के दो तकिये सम्हालता हूँ
मैं घास के कपड़े हटाता हूँ
मैं तुमसे केलि करता हूँ।

1985

रचना

उजाला एक मन्दिर बनाता है—
ठण्डी हवा में काँपते पौधों और पत्तियों के बीच के
धुँधले-से अवकाश में,
मन्द होती इच्छा की कुम्हलाती-सी घास में,
प्रेम के अवसन्न आकाश में
उजाला एक मन्दिर बनाता है।

निराश पूरती है चौक,
कोनों में अटका रह गया अँधेरा गाता है मंगलगान,
अधेड़ आयु झिझकते हुए बढ़ाती है दीपक की लौ,
उजाला एक मन्दिर बनाता है।

अपने लिए जगह तलाशते झाँकते हैं देवता,
मृत्यु-शारदा की पहाड़ी के नीचे बैठे
अपने ही संगीत में तपते हैं कुमार गन्धर्व,
उजाला एक मन्दिर बनाता है।

यातना पूजा के फूलों की तरह
समर्पित और नष्ट होने के लिए सजी है,

दुःस्वप्न ला रहे हैं दूर्वा के तिनके,
अकस्मात् आ गया दूरदेश का पक्षी
टुकुर-टुकुर देखता है...
उजाला एक मन्दिर बनाता है।

1995

अनादि-अनन्त

एक था अनादि, एक था अनन्त। अनादि को शुरू में रहना पसन्द नहीं था, अनन्त को आखिर में। पर अगर शुरू न हो तो आखिर नहीं हो सकता था। बीच का मामला उलझा हुआ था : शुरू न हो, आखिर न हो तो बीच कैसे कहाँ हो? होना सब चाहते थे पर कहाँ यह तय नहीं हो पा रहा था। एक बार अनादि ने सोचा कि जो अनादि है वही तो अनन्त होगा। अनन्त को लगा कि जो अनन्त है वही तो अनादि होगा। दूसरे की जरूरत नहीं जान पड़ती हरेक को ऐसा लगा। पर दूसरा न हो तो पहला कैसे हो? यह सिर्फ़ संख्या का तर्क नहीं था। बीच की वैसी ही दुर्गति थी : उसे दोनों नहीं पूछते थे। एक दिन अनादि और अनन्त ने सोचा, ऊबकर कि छुकछुक गाड़ी का खेल खेलें : एक दूसरे के पीछे हो लिया और वे गोल घूमने लगे—तब से अनादि के पीछे अनन्त के पीछे अनादि के पीछे अनन्त के पीछे अनादि के पीछे अनन्त खेल रहे हैं, अपनी ठीकठीक जगह न हो पाने की ऊब मिटाने के लिए।

1990

दीवार पर शब्द

दीवार पर कुछ लिखा था। नारा या मंत्र या गाली, क्या फर्क पड़ता है? क्योंकि थे तो शब्द ही। कोई निजी सन्देश नहीं। बल्कि सबके लिए। लेकिन सब वहाँ से गुजरते हुए उन्हें पढ़ते नहीं थे। कई बार तो वह खोंचेवाला भी नहीं जो उसी दीवार के सहारे बैठकर मूँगफली बेचता था। दीवार पर धूमिल होते हुए शब्द और उनसे लापरवाह गुजरते लोग और उनके ठीक नीचे आराम से बैठा खोंचेवाला। पोथी, शिलालेख, पुस्तकों और अखबारों में रहनेवाले शब्दों को यह अटपटा, मगर, नहीं लगा। उन्हें किसी भी अवकाश में फेंक या लिख दिये जाने का अभ्यास था। वे अक्षर थे। मिटते जाते अक्षर। उनका अर्थ उनमें नहीं था जैसे कि मूँगफली के छिलके के अन्दर दाने होते हैं। उन्हें फोड़ो या चटकाओ तो अर्थ नहीं, और शब्द निकलते थे। सबसे सुन्दर और भयानक बात यही थी, उस दीवार की इबारत के सिलसिले में, कि शब्द का अर्थ शब्द ही थे। या कि हैं।

1990

शुभस्रवा

एक ठो नदी का नाम : शुभस्रवा। उल्लेख पुराण में। प्राचीन नदी : पता नहीं किस वनप्रान्तर में बहती है। कैसी वनराजि है उसके तट पर : कौन-सी निर्झरणियाँ उसमें आकार लीन होती हैं। कहाँ है उसका उद्‌गम : कितना सूक्ष्म और लगभग अलक्षित। आरम्भ में क्षीणतोया। धीरे-धीरे नदी का आकार लेती हुई। जल भरी, जलवनस्पतियों भरी, मछलियों भरी। स्वपूरित और रूपतरंग से उच्छल। बचपन की नदी : प्राचीनों के यहाँ युवा नदी। देवताओं से अस्पृश्य नदी। भूगोल से अछूती नदी। सिर्फ़ शब्द की नदी। शब्दसंचय से बनी नदी। पवित्र और उज्ज्वल के पास से बहती और लोप होती नदी। शुभस्रवा पर अनामिका नदी। देवशिशु की पोथी में थम गयी नदी। असम्भव, अन्तःसलिला, लुप्त नदी। शुभस्रवा में नदी : हर नदी में नदी। पुराण से बहकर इन शब्दों तक आती नदी : शुभस्रवा।

1990

ब्रह्मारण्य

वह सबसे अन्त में था। शब्द छूट गये, स्पर्श जाता रहा। रूप तिरोहित और रस का लोप हो गया। गन्ध भी नहीं बची। छूटने के उपायों की खोज में हम उस अरण्य में पहुँचे : वह ब्रह्म का अरण्य था। ब्रह्म का जंगल, ब्रह्म का उजाड़। वायु थी पर त्वचा को पता नहीं चला। ज्योति थी पर आँखें देख नहीं सकीं। अन्धकार, रश्मियूथ, मेघ-घटाएँ, वर्षा और तारागण सब थे पर दीख नहीं पड़ा आकाश। उस आकाश का भी आकाश था। महाकाश! वह सबसे अन्त में था : अरण्य और आकाश। हम अकेले वहाँ पहुँचे। पर अगर इन शब्दों में वह स्मृति अन्तरित करना सम्भव है तो हम वहाँ भी नहीं पहुँचे। सब कुछ पीछे छोड़कर-गँवाकर सिर्फ़ शब्द लिये पता नहीं हम कहाँ पहुँचे। जहाँ पहुँचे वह ब्रह्म का अरण्य नहीं था। जब तक शब्द शेष हैं ब्रह्मारण्य तक नहीं पहुँचा जा सकता। हमने यह शब्दों में ही जाना। जब तक शब्द हैं, ब्रह्म कहाँ, अरण्य कहाँ?

1990

अब मैं आकाश को पुकारता हूँ

अब मैं आकाश को पुकारता हूँ
भले वह मेरी अनसुनी करे
भले उसे अन्दाज़ न हो
कि कितनी आवाज़ें, कितने हाथ
उठे हैं उसकी ओर,
कितने माथे झुके हैं।

मैं जानता हूँ
सब कुछ पर होने के बाद भी
उसका एकान्त,
मैंने सुना है उसका
दूर किसी कोने में छिपकर
एक बच्चे की तरह सिसकना।
मैं उसके लम्बे-पुराने लबादे को
थोड़ा सा रफ़ू कर उसमें
थिगड़ा लगाना चाहता हूँ।

उसको इतनी दूर से
दिखाई नहीं पड़ता

धरती पर वनस्पतियों की तरह
जल की तरह फैला दुख,
वह इतना नीचे झुक नहीं पाता
कि पढ़ सके
वृक्षों पर आँकी जा रहीं पक्षियों की स्वरलिपियाँ।
मेरी पुकार न प्रार्थना है, न चीख़
वह तो एक न्यौता है—
वह आये
ओसारे में बैठकर सुस्ताये,
कुछ देर अपनी रामकहानी सुनाये,
फिर हाथ-पाँव धोकर
रसोई में बैठकर
दाल-रोटी खाये,
पुराने लोगों की पूछताछ करे
और फिर थोड़ा अलसाकर
धरती के नरम बिछौने पर
लेट जाये—

अब मैं आकाश को पुकारना चाहता हूँ।

2003

धरती को छुआ

मैंने इस धरती को छुआ
मुझे याद था कि
मैं इसकी गोद में नहीं खेला,
कि इसकी कई वनस्पतियों को मैं पहचानता नहीं।
कि मुझे पता नहीं उसकी स्मृतियाँ और स्वप्न।

उसकी धूल में मिले नायकों और गाथाओं को
मैंने किसी सयानी-बूढ़ी औरत से सुना नहीं :
कहाँ है उसका नमक,
उसकी रोटियाँ कहाँ पकती हैं,
कहाँ इकट्ठा होता है उसके लिए शहद
और कहाँ बुना जाता है उसके ढँकने के लिए शॉल
मुझे ज़रा भी अन्दाज़ नहीं।

मेरी जानकारी में नहीं था
कि वह कैसे आती है सपनों में बच्चों के,
बूढ़ों के छीजते समय में,
कैसे देती है उन्हें राहत,
हत्यारों द्वारा उलीचे गये गरम लहू

और प्यार से बरबाद हुई अकेली युवती के आँसू
कहाँ रखती है सहेज कर
ताकि बाद में हिसाब के दिन
उन्हें सामने लाया जा सके।
मुझे यह समझ में आ सके इसकी कोई विधि नहीं थी
कि कैसे वह युवकों की जलती आँखों में
दुःस्वप्न का भूगोल है
या बेसहारा लोगों के लिए
नींद और आराम की लम्बी आख़िरी गुफा
मैंने तो जब उसे देखा
वह धूप में उज्ज्वल थी
प्रेम की तरह,
हरी घास से स्पन्दित कविता थी–
वर्षा की प्रतीक्षा कर रही थी
जैसे कोई भोली बच्ची हो गरमी से परेशान :
मैं झुका
मैंने उस धरती को ऐसे छुआ
जैसे अपनी दिवंगत माँ के पाँव छू रहा होऊँ।

2001

जल के पास

मैं जल के पास गया :
वह व्यस्त था,
उसे जल्दी थी,
जल के पास मेरे लिए समय न था।

उसे असंख्य जड़ों को धरती के अँधेरों में सींचना था,
हिम बनकर जमना था सुदूर शिखरों पर—
सूखी-जली ज़मीन पर बादल बनकर छाना था,
नींद में डूबे मरणासन्न बूढ़े के बगल में रखे गिलास में
रात भर रहना था,
भोर किसी की अंजलि से अभिषिक्त होकर
नीचे प्रवाह में मिल जाना था :
उसके पास मेरे लिए समय न था।

मैं उसे देर तक निहारता रहा
मेरी उपेक्षा कर निर्बाध बहते—
मैंने कोई कोशिश नहीं की कि
उसे थामकर उससे आग्रह करने की कि
वह दो पल मेरे पास ठहरे।

मेरे पास उसे देने-लुभाने के लिए कुछ न था,
ऐसी भाषा तक नहीं
जिसमें जल से बात की जा सके।
मुझे पता है उसके कई रंग हैं :
किन्हीं आँखों में वह प्रेम से नीला है
और कई समुद्रों में दूर से हरा—
इतनी सारी नदियों में
जब बस्तियों को दूर-दूर फैलकर वह डुबा देता है
वह बिलकुल मटमैला है।
शरणार्थी औरत की आँखों में सूखकर वह निर्मल है
भूखे बच्चे की आँखों में वह अकेला है।

मुझे ठीक से पता नहीं कि मुझे उससे क्या काम है।
मैं सिर्फ़ इतना चाहता हूँ कि कभी उसकी आँखों में धँसकर देखूँ
उनमें किन वनस्पतियों का हरिताभ भविष्य तिर रहा है :
तलाश करूँ कि उसमें कौन-से प्राचीन खिलौने, गाड़ियाँ और बरतन
साबित मानों जतन से रखे हुए हैं अतल में कहीं;
उससे आग्रह करूँ कि
अगर उसे याद हो तो वह सुनाये
न जाने कब शुरू हुई
और कभी न समाप्त होने वाली जलगाथा।

मैं जल के पास जाकर
उसे आपबीती कहते सुनना चाहता हूँ।

2001

कुँजड़ा

जब मैं जाड़ों में करेला
और गरमियों में फूलगोभी बेचता हूँ
तो इस सदी को जी-भर कोसता हूँ
कि इसने सब्ज़ियों तक को
उनके असली समय से अलग कर दिया है।

यह कैसी सदी है कि जिसमें
अब हर मुहल्ला बाज़ार है
और हर मकान दुकान :
बिकने में किसी को लाज और शरम नहीं रह गयी है।
लहकते टमाटर और मुँह उठाये आलुओं को
अपनी-अपनी टोकरी में पड़े देखते हुए
कभी-कभी मैं सोचता हूँ
कि बच्चों का यहाँ तक कि पालतू कुत्ते-बिल्लियों का
सबका अलग-अलग नाम होता है
पर इन घरेलू सब्ज़ियों का नहीं :
क्या इसलिए कि उनका इतिहास नहीं?
इन्हें उसकी जरूरत भी नहीं—
नाम होना इतिहास की झंझट में फँसना है।

दाम ज़्यादा लगने पर गाहक झुँझलाते हैं,
कम होने पर मैं कुढ़ता हूँ–
कभी-कभी जब दिन में बिक्री की मंदी हो जाती है
और एकाध लावारिस कुत्ते के अलावा सड़क पर
कोई गाहक नहीं दीखता
मैं सोचता हूँ कि इस तरह सारी दुनिया को
बाज़ार बना देने से क्या हासिल है!
यह जो रोज़-ब-रोज़ जीने और ज़िन्दगी बसर करने के नाम पर
एक दूसरे के हाथ, दूसरा तीसरे के ख़रीदे, तीसरा चौथे की कृपा पर
बिक रहा है, उसमें मैं और मेरी हरी-भरी गोल-मटोल
कुछ गोल-मटोल कुछ ताज़ी कुछ बासी सब्ज़ियाँ
सिर्फ़ एक मामूली-सी कड़ी भर हैं–
समय, इतिहास, आत्मा, मुक्ति और भविष्य के बाज़ार में
सुख की दिप-दिप करती मण्डी में
हमारी औक़ात ही क्या है :
कोने में अँधेरे-सी एक सँकरी जगह है
जिसमें सब्ज़ियों की लाल-हरी-बैंगनी चमक से
कुछ रौनक हो जाती है
वरना यहाँ से तो पूरा बाज़ार नज़र भी नहीं आता।
मैं समय को
या इस बीत रही सदी को
उसमें धुँधुआते इतिहास को देख सकूँ
इसका मौक़ा कहाँ
ऐसी ताब कहाँ!

निर्गुणिया होते हैं सत्त नाम के व्यापारी,
मैं तो सब्ज़ियाँ बेचता हूँ

लेकिन कभी-कभी मुझे यह दुख सालता है कि
मैं इनकी मौत का व्यापारी हूँ–
खेतों से, बाग़ीचों से
उन्हें काट कर, बीन कर, खोद कर लाया गया है
और फिर काटे जाने, उबाले और भूने जाने के लिए
मैं उन्हें कुछ सिक्कों के बदले
जतन से नाप-तौल कर
किसी के झोले में झोंक देता हूँ।
इससे मेरी रोज़ी तो चलती है
पर मैं समझ नहीं पाता हूँ कि
हमें जीने के लिए अपने आस-पास के इतने सारे को
नष्ट क्यों करना पड़ता है।
अभी आयेगा सिपाही
बिला कह अपना रोज़ीना उगाहने के लिए,
जैसे कभी-कभी शायद देवता आते हैं
बिना कुछ किये हमसे अपनी पूजा माँगने के लिए।
मैं नहीं जानता कि
सब्ज़ियों का सच क्या है–
क्या आलू का सच मेथी के सच सें अलग है–
क्या टमाटर देखता है सपना
क्या मूली को याद है
अपनी क्यारी की धरती और उसकी गन्ध
क्या हरी मिर्च का मन किसी कुसमय पर डबडबाता है :
सदी तो हमारे लिए बीत रही है
गाजर, अदरक, धनिया और ककड़ी आदि
इस सदी से, किसी भी सदी से बाहर हैं :
उनका अगर इतिहास नहीं तो उनका समय भी नहीं है।

जो समय से बाहर, सदी से बाहर का
एक अदना-सा दुकानदार है,
जिसका आधा दिन गाहकों से झगड़ते
उन्हें लुभाते
सब्ज़ियों को प्यार से पुचकारते गुज़रता है,
उसे क्या ख़बर
और क्या परवाह
कि वहाँ दूर पर–
उसकी पहुँच और नज़र दोनों से ही परे–
सिर्फ़ सुबह-शाम में बँधा नहीं, अनादि-अनन्त
दिग्विजय करने निकला, सदल-बल, समय जा रहा है!
मुझे कहाँ इतनी फुरसत कि
आलू दस रुपये के बजाय नौ रुपये के भाव पर माँगते
इस कुबड़े गाहक को छोड़कर
कुछ देर अचरज या इत्मीनान या डर से
इस शताब्दी को बीतता देखूँ!

1998

मछुआरा

अब अगर पता चले कि
दरअसल आकाश एक बहुत बड़ा जाल है

जिसे किसी ने अन्तरिक्ष के अदृश्य जल में
सूर्य, चन्द्र, तारों-नक्षत्रों, पृथ्वी और ग्रहों को
पकड़ने के लिए फेंक रखा है
और जिसकी जाल फेंक कर आँख लग गयी है
तो क्या उसे आप मछुआरा ही कहेंगे?
हो सकता है कि उसका कोई और अच्छा-सा नाम रहा हो
जो अब न उसे या किसी और को याद रह गया है।
हमें भी नहीं हालाँकि हो सकता है कि वह हमारा पूर्वज हो।

जाल फेंकना अटकल लगाने जैसा है
हमें कहाँ पता होता है कि इस बार
कौन-सा सच हमारे फन्दे में आने वाला है?
जाल जब भारी पड़ता है
और खींचने पर उसमें मछलियों की बिछलती
चाँदी नज़र आती है
तो हमारी आँखें भी मछलियों की तरह चमकने लगती हैं

कि इस तरह एक डोंगे में समुद्र में इतनी दूर लगभग निहत्थे आना
अकारथ नहीं गया।
समझ में आना कठिन है,
कम-से-कम हमारी समझ में,
कि जो जाल में फँसा है,
और तड़पता-बिछलता है, और थोड़ी देर में शान्त हो जाता है
वह समय है या कि सच या कि सिर्फ़ थोड़ी-सी मछलियाँ।

हम समय से पहले पौ फटने से भी पहले
अपनी नावों में समुद्र में निकल आते हैं :
कभी-कभी पूरब में सूर्य ऐसे उछलकर निकलता है
जैसे एक विशालकाय मछली हो
रौशन, ललछौंही, हाथों से फिसलने-फिसलने को।

यह जो पानी में डूबा पर धड़कता और अपार फैला जीवन है—
यह जो अपनी असंख्य आवाज़ों से पुकारता पानी है—
यह जो बदलते-मिटते पानी के, आकाश के, मछलियों के
अनगिनत रंग हैं—
यह जो धीरे-धीरे गुनगुनाती जल वनस्पतियाँ हैं—
यह जो बहना, बहते जाना, पार न पाना है—
यह जो पानी के खिलाफ़ उसे चीरते हुए—
बाँहों और पतवारों और नावों की एक लगातार लड़ाई है—
यह जो मैं हूँ
अपना जाल फैलाए :
यह सब ऐसा क्यों लगता है कि जैसे कभी बीतता नहीं
कि जैसे इसका कोई इतिहास नहीं?
बस है : बस रहेगा।

कभी अपनी नाव पर अनमना बैठा मैं सोचता हूँ :
जैसे हम मरने के लिए नहीं जीते
वैसे ही ये मछलियाँ हमारे खाने के लिए पैदा नहीं होतीं—
जो सुन्दर है उसे देर-सबेर कोई-न-कोई लील क्यों जाता है?
पानी का सच जाल का सच नाव का सच और मछलियों का सच
एक दूसरे के ख़िलाफ़ क्यों हो जाता है?
यह सिर्फ़ हमारे समय का फेर नहीं है :
यह तो सदा से ऐसा ही है।
जैसे यह सचाई भी कि हम सब आख़िरकार
एक दूसरे के जाल में फँसे हैं
और सवाल हर समय सिर्फ़ इतना-सा है कि कौन
किसको पहले फाँसता और खाता है।

मैं तो सिर्फ़ मछलियाँ पकड़ना जानता हूँ
पर अगर किसी जाल में मैं फँस जाऊँ
तो अपनी इन असहाय मछलियों की ही तरह
मुझे कहाँ पता है उससे बाहर आने की तरक़ीब?

मैं शताब्दियों के बारे में ज़्यादा नहीं जानता
हालाँकि युद्ध आदि के क़िस्से कभी-कभी
मैं चाव से पढ़ता रहा हूँ
यह जो ख़ूँख़ार शताब्दी बीत रही है
कई बार मुझे लगता है कि
आदमी के जाल में धोखे से मछली के बजाय आ गया मगरमच्छ है
जो उसे लील रहा है
इसे नष्ट किये बिना कोई उपाय नहीं
और फिर जाल फेंकना होगा ताकि

अगली शताब्दी एक सुन्दर मछली की तरह आये
जिसे हम खाये बग़ैर वापस समुद्र में कुछ दुलार से छोड़ सकें।

सबसे पहले मछुआरे में भी ममता थी
और बिलकुल आख़िरी मछुआरा भी
सुन्दर को कुछ-न-कुछ बचाएगा,
तभी न आदमी कहाएगा।

एक हरी बिल्ली

एक हरी बिल्ली जिसके हरेपन पर एक भूरा धब्बा है
पूर्ण सूर्यग्रहण के पार से
खोजती है अन्तरिक्ष में अँधेरी हो गयी पृथ्वी को

हरी घास निकलती है घूमने आकाश में
आकाश निकलता है डूबने चन्द्रोदय में
चन्द्रमा निकलता है
शब्द की निर्मल नीलिमा में

हरी पत्तियों पर गिरती है बारिश
बारिश फिसलती है हरी काई पर
काई में दुबकते हैं कई पद्य-स्वप्न

समय को रौंदता हुआ चल रहा है हरा
हरे से लगातार अथक गप लगा रहा है भूरा
कविता अपने अनुराग में
चुप्पी पर दस्तक दे रही है...

1997

प्रार्थना-दो

हो सके तो
कम-से-कम एक बार ऐसा जीवन दो
जो मेरा न हो।
दूसरों के घर में हमेशा
मेरे लिए एक रैन-बसेरा हो,
एक बिस्तर, एक मेज़, एक थाली, एक गिलास हो
कोई मेरी प्रतीक्षा न करे
पर मेरे आने पर ऐसा आभास हो कि
मेरे आने भर की देर थी।
कम-से-कम से मेरा काम चल जाए
और लालच हो सिर्फ़ इतने का कि
सुबह जल्दी उठकर सूर्योदय को कुछ देर अपनी झोली में रख सकूँ।

जंगल के ठण्डे-गझिन अँधेरों में भटक जाऊँ
तो कहीं एक गुफ़ा ऐसी मिल जाए
जहाँ एक कोने में पड़ी राख के ढेर में अभी भरी
अंगारे हों
और सपने प्रेत बनकर नहीं
चारों ओर घेरा बनाकर चौकसी करें।

चौक-बाज़ार में कोई मुझे न पहचाने
लेकिन जब बोझा ज़्यादा हो बूढ़ों के पास
तो उसे पहुँचा आऊँ उनके घर तक,
पीठ भले मैली हो जाए।

हो सके तो
कम-से-कम एक बार ऐसा जीवन दो
जिसमें सिर झुकाकर घुटनों के बल रेंगकर कुछ न करना पड़े
जो स्वयं निश्शब्द प्रार्थना हो।

2001

हलफ़

मैं हलफ़ उठा तो सकता हूँ
और वह वक़्त आ गया है मेरी ज़िन्दगी में
कि मुझे उसे उठाने में देर या कोताही नहीं करना चाहिए
लेकिन सवाल यह है कि मैं कहाँ हलफ़ उठाऊँ :
मेरी कोई अदालत नहीं
और दूसरों की अदालत पर भरोसा नहीं किया जा सकता।

मुझे पता है कि हमारा समय ऐसा है कि
किसी को किसी जुर्म के लिए नहीं,
सिर्फ़ अपना सिर न झुकाने और ऊँचा रखने के लिए
सूली पर चढ़ाया जा सकता है।
कठघरे में खड़े किये जाने के लिए
न सबूत की ज़रूरत है, न जुर्म के इक़बाल की
क्योंकि फ़ैसला पहले से, बिना किसी जिरह के, लिखा जा चुका है।
कोई मतलब नहीं है मेरे कुछ भी क़बूल करने का या कि
दूसरों की कुछ भी ज़िम्मेदारी का ज़िक्र तक करने का।
मज़ा यह है कि समय सबको मारता है
कुछ को तड़पा कर, कुछ को एकबारगी बिना पलक झपकाये
या मुहलत दिए।

मुजरिम तो मारा ही जाता है, देर-सबेर जज भी।

अब किसी अदालत में जा कर आप कैसे कहेंगे कि
आपने सुबह ओस-जल पत्तियों से टपकते,
शाम को एक चिड़िया को प्रार्थना गुनगुनाते,
खिड़की पर एक बूढ़े को बेवजह चिड़चिड़ाते,
एक आततायी को शास्त्रीय संगीत सुनते,
एक दुष्ट को कला की बारीकियाँ समझाते,
एक देवता को लोगों को बरगलाते,
एक सत्ताधारी को टुच्चा बदला लेते देखा है?
कह तो आप यही सकते हैं कि
आपसे नहीं हो सका युद्ध,
आन नहीं कर सके इनकार,
आपके लिए मुमकिन नहीं था अपने को अलग या दूर कर लेना।
कविता लगातार हलफ़ उठाना है
कहीं और नहीं
उस अदालत में
जो हर कहीं है
और दरअसल कहीं नहीं।

2001

उन्हीं में से एक

नहीं, मैं उन्हीं में से एक था
सिवाय इसके कि नसैनी से लोग ऊपर चढ़ते हैं
पता नहीं कैसे मैं उससे नीचे तलघर में उतर गया।

मेरे पास एक दर्दमन्द दिल, एक चौकन्ना दिमाग़
और एक भरी-पूरी लगती ज़िन्दगी थी;
अपने स्वाभाविक आलस्य के बावजूद कुछ कर गुज़रने की
आकांक्षा थी–
दूसरों की सफलता से मैं उत्साहित भी अनुभव करता था।
दूसरे जिस रास्ते से जा रहे थे
वही मैंने चुना था
लेकिन पता नहीं कब और कैसे मैं एक अन्धी गली में फँस गया।

मैं एक उदास आदमी था
और यह भी ठीक है कि मुझे अपने पर भरोसा कम था।
लेकिन, बिना अपने को गिराये या बेचे, जितने समझौते हो
सकते थे
उन्हें करने में मैंने चूक नहीं की,
दूसरों की मदद करने में मुझसे कोताही नहीं हुई

और मैं अकसर लोगों के काम आया, मुसीबत में।
फिर भी, जब एक गोली दागने और कोई सवाल न पूछे जाने की
छूट दी गयी तो मैं कम-से-कम दो सौ गोलियों से छलनी हुआ।

मैं इसे संयोग या भाग्य कहकर न तो समझ सकता हूँ,
न ही टाल सकता हूँ–
और अपने गरेबान में झाँकने पर मुझे
कुछ चालाकी और कभी-कभार का घमण्ड तो नज़र आता है।
नीचता नहीं।
मैं जानता हूँ कि हमारे स्वर्ग-नरकहीन समय में
अपने किए का दण्ड बहुत कम मिलता है
और हम अकसर किसी और के किए का ख़मियाज़ा भुगतते हैं।
मुझे पता है कि
जिन्हें काल-कोठरी में सड़ रहा होना चाहिए
वे सिंहासन पर लक़दक़ बैठे हैं
लेकिन इससे मेरी काठ की कुर्सी क्यों यकायक चरमरा गयी
यह समझाया नहीं जा सकता।
अपने समय के अत्याचारों में मैं शामिल न हुआ होऊँ
लेकिन उनमें से एक भी मेरी वजह से कम खूँखार या
कुछ कमज़ोर पड़ा हो ऐसा तो नहीं हुआ :
तलघर में सही, मैं उन्हीं में से एक था।

2001

मैं अपने गुनाह

मैं अपने गुनाह क़बूल तो कर लेता
और शुद्ध मन से माफ़ी भी माँग लेता
लेकिन मैं जानता हूँ कि आख़िरकार
न कोई भूलता है
न माफ़ करता है
न जानवर, न देवता
न दोस्त, न दुश्मन।

मुझे अपने हारने का कोई दुख न होता
अगर मैं उनको दिग्विजय की पताकाएँ फहराते
जुलूस में जाते न देखता
जिन्हें मैंने कितनी बार
चोरी-छिपे लूटमार करते,
बिना कुछ किए सिर्फ़ हड़पते देखा था।
मुझे इसका पछतावा नहीं है
कि मैं पीछे क्यों रह गया
और मेरे पास वह सब कुछ
क्यों नहीं है जो कि मुझे मिलना चाहिए था।
मैं जानता हूँ कि

जीवन सब कुछ नहीं देता,
न ही जीना और बचे रहना
कोई सीधा समीकरण है।
मैं भरसक टुच्चेपन से बचा रहा लेकिन
डाह से नहीं,
मैं लूटपाट से अलग रहा पर
दूसरों को जब-तब बेवजह घायल करने से नहीं।
अपना दर्द दूसरों को बताया नहीं तो
दूसरों के दर्द से बहुत द्रवित भी कहाँ हो पाया?
पवित्रता की खोज में
मैं कौन-सा कलुष की चपेट से बच पाया?
अगर मुझ पर फ़ैसला सुनाने का हक़ नहीं है दूसरों को
तो दूसरों को ख़ारिज करने की आदत मुझमें कैसे सही हो सकती है?
मैं जानता हूँ कि सिर्फ़ मेरे लिए ही नहीं
सबके लिए यह कलियुग है,
और मैं अपने को कीचड़, खून और धूल से पाक-साफ़ नहीं रख सकता।
पुण्यों का हिसाब रखने वाले देवता अब नहीं रहे
और पापों का बहीखाता लिये गली-कूचे में
पुरोहित डंके की चोट घूम रहे हैं।

यह समय प्रार्थना का नहीं,
कीर्तन का है—
जिसे मैं अधिक से अधिक गलत सुर में ही गा सकता हूँ।

अपनी ज़िन्दगी सुधारने का अब समय नहीं है
और दूसरों की सुधारने में न दिलचस्पी है
और न उसके लिए कोई हुनर या धीरज बाक़ी है।

अगर पतित न होते लगभग सभी देवता,
अगर पवित्रता दमकती बिना कलुष आभा के,
अगर कविता में विश्वासघात असम्भव होता
तो मैं माँग लेता माफ़ी
भले कोई माफ़ करे या न करे।

2001

सीढ़ियों पर

सीढ़ियों पर दोनों चढ़े
देवता भी, कीड़े भी।
देवता को अनन्त में जाना था।
कीड़ो को पता नहीं था कि कहाँ।

ऊपर जाकर जब सीढ़ियाँ ख़त्म हो गयीं यकायक
तो देवता की समझ में नहीं आया कि क्या करे,
देवता सीढ़ियाँ उतरना नहीं जानते या चाहते।
कीड़ों को कोई असमंजस या परेशानी नहीं हुई :
वे कहीं नहीं जा रहे थे इसलिए सीढ़ियों के दूसरी ओर से
कहीं नहीं की ओर उतर गये।

सीढ़ियों के किनारे छाये वृक्ष पर बैठी पीली चिड़िया ने
अपनी चहचहाहट से जब पल भर की छुट्टी पायी
तो उसकी आँख सीढ़ियों पर तो पड़ी
पर देवता या कीड़ों पर नहीं।

ऊपर मन्दिर में जो पुरानी मूर्ति थी
उस पर समय का चीकट इतना जम गया था कि
उसे न सीढ़ियाँ दिखीं, ने देवता, न कीड़े।

चिड़िया का स्वर उस तक पहुँचा तो तैरता हुआ
पर वह समझ नहीं पायी कि वह प्रार्थना का एक छिटका हुआ शब्द
नहीं है।

मन्दिर के गवाक्ष से जो आकाश दीख रहा था
वह उदासीन था :
उसके लिए न मन्दिर था, न सीढ़ियाँ, न और कुछ।

बचे हुए को बीते हुए की तरह (आश्विट्ज़-1)

मैं बचे हुए को बीते हुए की तरह देखना चाहता हूँ
हरे के विवर में उभरती पीले की दरार की तरह।

नहीं मैं नहीं था उस अधरात की गहमागहमी में
जब वे उन सबको मवेशियों की तरह ठेले में भरकर
वधस्थल की ओर ऐसी फुरती और जतन से ले गये थे
जैसे भोलेभाले लोगों को सुबह किसी ज़रूरी अनुष्ठान के लिए
पूजाघर ले जाया जा रहा हो।

यह सही है कि मैं नहीं खड़ा था निर्विकार सिगरेट के कश लेते हुए
जब उस बच्ची को गड्ढे में फेंका गया
जैसे वह कोई बेकार पड़ गया पुराना बरतन हो
घूरे के क़ाबिल।
मैंने शब्दों को जली हुई हड्डियों की तरह राख के ढेर से
कभी नहीं उठाया
और न ही उन्हें मवाद-भरे रिसते घाव की तरह कभी छुपाया :
मैंने भव्य संगीत नहीं सुना
मनुष्य की चमड़ी के लैम्पशेड के मद्धिम प्रकाश में—
फिर भी

क्यों लगता है मुझे कि मैं ज़िम्मेदार हूँ;
कि मैं होता उस अधरात तो अपने पड़ोसियों का हाँका होने पर
भयातुर देखता रहता
उन्हें ले जाए जाते;
ईश्वर से, जिस पर मेरा कोई भरोसा नहीं, करता
एक डरपोक प्रार्थना
और अपनी भाषा को धो-पोंछकर साफ कर लेता
कीचड़, खून और डर से;
दिन में घरघुसे लिखता
धूप की, उज्ज्वल दिन की निर्मल कविता।

मैं नहीं था
पर होता तो चुप होता।
इसीलिए मैं बचे हुए को बीते हुए की तरह देखना चाहता हूँ
हरे की विवर में उभरती पीले की दरार की तरह।
मैं अपनी प्रार्थना में दबी चीख़ सुनना चाहता हूँ।

2001

अगर हो सके (आश्विट्ज़-2)

अगर हो सके तो
मैं अपने समय के लिए
उम्मीद की एक नयी वर्णमाला लिखना चाहता हूँ :
कहाँ से शुरू करूँ 'अ'—
कुल तीन फ़ीट ऊँची झुग्गी में नवजात शिशु के रोने
और बर्फ़ से ढँके निर्जन अरण्य के वृक्ष के कोटर में
अपनी माँ की प्रतीक्षा करते पक्षी से?

'थ' लिखूँ यातनाशिविर में दूसरे से पहले
अपने को मरने के लिए प्रस्तुत करते युवक से या
जेल की दीवार पर मृत्युदण्ड की प्रतीक्षा करते हुए
नाखून से उकेरे गये पद्य से?

'ण' लिखूँ
आतंक के सामने लाठी, चश्मे और चरखे के
अविचलित रहने से या
दंगे की आग में सब कुछ राख हो जाने के बाद
एक लहूलुहान बुढ़िया को अपना घर खोजने में मदद करती
अपना सब कुछ गँवा चुकी औरत से?

अब जब अन्याय के कंगूरे दमक रहे हैं
जब क्रूरतम चेहरों की मूर्तियाँ चौराहों पर से अजायबघरों में हटा दी गयी हैं
जब घृणा एक सुगठित वृन्दगान की तरह छा रही है पृथ्वी पर
जब बिना क़ैद के भी हम सब बन्दी हैं अपनी क्षुद्रताओं में–
मैं अपने पोते के तोतले प्रश्न के उत्तर में कि 'तुम का कल्लै हो'
इतिहास की कभी न साफ़ हो सकने वाली स्याह पड़ती स्लेट पर
उम्मीद की एक नयी वर्णमाला लिखना चाहता हूँ
जिसमें संसार के सभी बच्चे
अपनी इबारत बिना हिचक और डर के लिख सकें।

2001

बीतते को देखना

मैं बीतते को देखना चाहता हूँ
पल-पल बीतने को,
अक्षर-अक्षर छितराने को,
पंखुरी-पंखुरी कुम्हलाने को।

हो सके तो मैं बचाना चाहता हूँ
सुन्दरता के समय से,
अपनी पगडंडी को किसी मार्ग में लय होने से,
अपने सच को अपने ही अन्दर मुरझाने से,
अपनी आवाज़ को थरथराने और घबराने से।

मैं कोशिश करना चाहता हूँ कि
बचा सकूँ
बचपन की पाठ्य-पुस्तक से हितोपदेश का कोई अधपाठ,
अँधेरे में याद आया पर गाया न जा सका प्रणय-गान,
हलवाई के यहाँ से फेंके गये जूठे दोनों पर झपटते ग़रीब बच्चों के
जीवन की असम्भव मधुरिमा,
प्रार्थना का समय गुज़र जाने के बाद याद आये उसके शब्द।

तकलीफ़ के असमय बूढ़े होते जा रहे शरणार्थी चेहरों में भभकती
आँखों में,
हो सके तो मैं घर-ज़मीन का एक नक़्शा खींचना चाहता हूँ :
अपने पोते को ककहरा सिखाते हुए
मैं फिर से दुहराना चाहता हूँ–
अपने तिनका-तिनका छीजते समय की यातना-पट्टी पर
फिर भी झिलमिलाती उम्मीद की वर्णमाला।

मैं बीतते को देखना चाहता हूँ
पल-पल बीतने को,
अक्षर-अक्षर छितराने को,
पंखुरी-पंखुरी कुम्हलाने को।

2001

हमारी बनाई दुनिया

हमारी बनाई दुनिया
नष्ट नहीं होती
हमारे बाद;
वह नष्ट होती है
हमारे ही सामने
धीरे-धीरे
और कई बार ऐसे कि
हम समझ नहीं पाते कि वह नष्ट हो रही है।

खिड़की के परदे बदल जाते हैं;
बैठकख़ाने में रखी चीज़ों का विन्यास
ऊबकर हम कुछ और कर देते हैं;
डाल आते हैं कुछ मूर्तियाँ या प्रतीकचिह्न पिछवाड़े
अटाले में;
पुस्तकों की नयी तरतीब में
खोजे नहीं मिलतीं कुछ पुरानी
कमज़ोर और पीले पड़ गये पन्नों वाली पुस्तकें;
ऐन वक़्त पर याद नहीं आते
अपनी ही कविताओं के कई शब्द और रूपक।

वैसे ही सुबह उठते हैं
और कुहरे में घूमते जाते हैं
गुलूबन्द लपेटकर;
और वैसी ही गर्म-हल्की चाय पीते हैं
अख़बारों का इन्तज़ार करते हुए;
फटी हुई कॉलर को रफ़ू करवा लेते हैं।
किसी की करुणगाथा सुनने का धीरज
अपने-आप कम होता जाता है।
अपने बाबा का सफ़ेद दाढ़ी से ढँका चेहरा
ठीक-ठीक याद नहीं आता
और न ही वह रंग
जो स्वीकार की शाम उस पर था।

भूलने से शुरुआत होती है नष्ट होने की—
याद करने और भूलने से ही बनती है हमारी अपनी दुनिया
और भूल-याद कर ही हम उसे
नष्ट करते हैं
अपने ही सामने।

1996

उम्मीद चुनती है 'शायद'

उम्मीद चुनती है अपने लिए एक छोटा-सा शब्द
शायद–

जब लगता है कि आधी रात को
दरवाज़े पर दस्तक देगा वर्दीधारी
किसी न किये गये जुर्म के लिए लेने तलाशी
तब अँधेरे में पालतू बिल्ली की तरह
कोने में दुबकी रहती है उम्मीद
यह सोचते हुए कि बाहर सिर्फ़ हवा हो
शायद।

फूलों से दबे सन्दिग्ध देवता के सामने हो रही
कनफोड़ आरती, कीर्तन
और घी-तेल की चीकट गन्ध में
किसी भुला दिये गये मन्त्र की तरह
सुगबुगाती है उम्मीद
कि शायद अधपके नैवेद्य और चिपचिपाती भक्ति के नीचे
बची रह गयी हो थोड़ी-सी प्राचीन पवित्रता।

जब लगता है कि भीड़-भाड़-भरी सड़क पर
सामने से बेतहाशा तेज़ आ रहा बेरहम ट्रक
कुचलकर चला जाएगा
उस न-जाने-कहाँ से आ गयी बच्ची को
तभी उम्मीद
किसी खूसट बुढ़िया की तरह
न-जाने कहाँ से झपटकर
उसे उठा ले जाएगी
नियति और दुर्घटना की सजी-धजी दुकानों के सामान को
तितर-बितर करते हुए।

शायद एक शब्द है
जो बचपन में बकौली के नीचे खेलते हुए
अकस्मात् झरा था फूल की तरह
शायद एक पत्थर जो खींचकर किसी ने मारा था
परीक्षा में अच्छे नम्बर न पाने की उदासी पर—
शायद एक खिड़की है जिससे देखा था
धूमिल होती जाती प्रियछवि को
शायद एक अनजली अस्थि है
जिसे मित्रशव को फूँकने के बाद
हम वहीं भूल गये
जहाँ चिता थी
और जिसे आज तक किसी नदी में सिरा नहीं पाये हैं।

उम्मीद ने चुना है
एक छोटा-सा पथहारा शब्द
'शायद'।

1991

दरवाज़ा

दरवाज़ा खुल सकता था। कोई खोले तभी नहीं। अपने आप भी, क्योंकि पूरी तरह बन्द नहीं था। किसी ने किया ही नहीं। सबको जाने की जल्दी होती है, ठीक से बन्द करने की नहीं। जाने के बाद दरवाज़ा भुला दिया जाता है। अगर न जाते और वहीं बन्द या घिरे रहते तो दरवाज़ा बना रहता—उसका ख़्याल रहता। दरवाज़ा : घिरे हुए को रोकता है और अनघिरे हुए को अन्दर आने से थामता है। दरवाज़ा न हो तो घिरा-अनघिरा गड्डमड्ड हो जाए। आवाजाही दरवाज़े से होती है : पर फिर भी थोड़ा सा बाहर अन्दर और थोड़ा सा अन्दर बाहर फिसल ही जाता है क्योंकि दरवाज़ा कभी पूरी तरह से बन्द नहीं होता। हम ऐसा करना जानबूझकर भूल जाते हैं।

1990

पीछे-आगे

कोई पीछे आ रहा था। आ नहीं रहा था पर लग रहा था कि आ रहा है। ज़रूरी बात है लगना, आना नहीं। आगेवाले को देखकर या महसूस कर कि कोई आगे है, डर नहीं लगता। पीछेवाले से लगता है। पता नहीं होता कि आगे कौन है, कैसा है, क्यों है पर फिर भी आश्वस्ति होती है कि आगे है और पलटकर शायद ही हमला करे। कर भी दे तो उसे पलटते देखने का और उसके हमले के लिए तैयार होने का, उसे जवाब देने का समय और अवसर होगा। पर पीछेवाले का भरोसा नहीं किया जा सकता। कौन जाने वह सिर्फ़ धर दबोचने के लिए ही पीछे चल रहा हो। वह अचानक कुछ कर बैठे तो सम्हलने या प्रतिरोध करने का समय ही नहीं मिलेगा। आगेवाले से यह उम्मीद भी होती है कि वह रास्ता जानता होगा, उसके खतरों से परिचित होगा। पर इसी से तो डर लगता है कि पीछेवाला आगेवाले से उम्मीद करता है जबकि आगेवाला पीछेवाले से डरता है। उम्मीद से डर और डर से उम्मीद और तुर्रा यह कि ऐसे ही रास्ता कट जाता है, हम कहीं पहुँचें या न पहुँचें।

1990

नहीं

पता नहीं था कि क्या करना है या कहाँ जाना है? सोचने का वक़्त भी नहीं था। वक़्त तो था पर इच्छा नहीं थी। इच्छा तो थी पर हिम्मत नहीं थी। कोई वहाँ नहीं जाना चाहता जहाँ मालूम न हो कि कहाँ है? कहीं नहीं से भय लगता है। कुछ नहीं से भी। अकसर नहीं से भी। इसलिए बिना तैयारी के चल पड़े। नहीं, थोड़ी सी तैयारी थी। कुछ हाथ लगेगा इसकी आशा नहीं थी। कहीं पहुँच ही जाएँगे इसका आश्वासन नहीं था। कहीं कुछ है जिस तक पहुँचना या जिसे पाना चाहिए ऐसा भरोसा भी नहीं था। इतरे सारे नहियों के बीच या उनसे घिरे चलना कठिन था लेकिन कोई और विकल्प भी नहीं था। ऊहापोह था, दिग्भ्रम था, ग्लानि थी, पश्चात्ताप था पर विकल्प नहीं था। यह भी एक नहीं ही था। चलते रहने का हठ था या विवशता। निश्चल भी रहा ही जा सकता था। पर दूर एक कौंध थी, एक लपक थी—यकायक आलोकित हो जाने की सम्भावना थी। थी भी और नहीं भी थी। बहुत उलझन थी। झिलमिल में गोधूलि में एक पगडंडी थी जिस पर पहले कोई नहीं गया था। हमने सोचा था कि उस पर हमें कोई नहीं देखेगा। वह नहीं की पगडंडी थी। नहीं की पगवट नहीं की वीथिका। नहीं की गली। हम इतना चलने के बाद अन्ततः नहीं तक ही तो पहुँच पाते हैं।

1990

थोड़ा-सा

अगर बच सका
तो वही बचेगा
हम सबमें थोड़ा-सा आदमी–

जो रौब के सामने नहीं गिड़गिड़ाता,
अपने बच्चे के नम्बर बढ़वाने नहीं जाता मास्टर के घर,
जो रास्ते पर पड़े घायल को सब काम छोड़कर
सबसे पहले अस्पताल पहुँचाने का जतन करता है,
जो अपने सामने हुई वारदात की गवाही देने से नहीं हिचकिचाता–

वही थोड़ा-सा आदमी–
जो धोखा खाता है पर प्रेम करते रहने से नहीं चूकता,
जो अपनी बेटी के अच्छे फ्राक के लिए
दूसरे बच्चों को थिगड़े पहनने पर मजबूर नहीं करता,

जो दूध में पानी मिलाने से हिचकता है,
जो अपनी चुपड़ी खाते हुए दूसरे की सूखी के बारे में सोचता है,

वही थोड़ा-सा आदमी–

जो बूढ़ों के पास बैठने से नहीं ऊबता
जो अपने घर को चीज़ों का गोदाम बनने से बचाता है,
जो दुख को अर्ज़ी में बदलने की मजबूरी पर दुखी होता है
और दुनिया को नरक बना देने के लिए दूसरों को ही नहीं कोसता।

वही थोड़ा-सा आदमी–
जिसे ख़बर है कि
वृक्ष अपनी पत्तियों से गाता है अहरह एक हरा गान,
आकाश लिखता है नक्षत्रों की झिलमिल में एक दीप्त वाक्य,
पक्षी आँगन में बिखेर जाते हैं एक अज्ञात व्याकरण–

वही थोड़ा-सा आदमी–
अगर बच सका
तो वही बचेगा।

1987

□ □